COUP D'OEIL

sur

DÉPARTEMENT

Lot- et Garonne,

par

SAINT-AMANS.

AGEN, IMPRIMERIE DE P. NOUBEL

L

Coup d'Oeil

AGEN, IMPRIMERIE DE PROSPER NOUBEL.

COUP D'OEIL

SUR

LE DÉPARTEMENT

De Lot-et-Garonne,

OU

RAPIDE APERÇU

DE L'ÉTAT DE SON AGRICULTURE, DE SA POPULATION
ET DE SON INDUSTRIE

En 1828,

PAR

M. DE SAINT-AMANS.

✸

Together let us beat this ample field,
Try what the open, what the covert yield.

Pope.

✸

AGEN,

LIBRAIRIE DE P. NOUBEL, RUE GARONNE.

M DCCC XXVIII.

Au Lecteur.

La statistique vient de faire un grand pas vers sa perfection, par l'ouvrage de M. le baron Charles Dupin, sur les forces productives et commerciales de la

*

France. L'idée de mettre chaque département en regard avec un autre département, dont les produits représentent
ceux de la France moyenne est infini-
ment heureuse, et doit être désormais
appliquée à tous les travaux de ce genre,
dont elle constituera la plus grande utilité. En effet, si la plupart des jugemens
ont besoin d'être précédés d'une com-
paraison réfléchie, c'est surtout en statistique, dont les résultats doivent être
essentiellement comparatifs. Ainsi la lu-
mière qui sans doute un jour éclairera
toutes les spéculations politiques et commerciales, jaillira du rapprochement des
divers états de l'Europe, sous le rapport

combiné de leur agriculture, de leur industrie et de leur population. Dès-lors comment ne serait-il pas nécessaire, afin de compléter ce système d'information comparée, d'étendre le même calcul à toutes les divisions territoriales pour y puiser ses premiers élémens? Tel est l'objet du beau travail de M. Charles Dupin, et de celui que je me suis proposé d'esquisser pour le département de Lot-et-Garonne, qu'il n'a point encore décrit. La France possède sans doute, de grands, de précieux ouvrages en statistique, au nombre desquels se distingue celui qu'une main habile et qui m'était chère rédigea pour notre département *. Mais tous ces ouvrages faute d'avoir été faits sur un meilleur plan, furent dès leur origine à peu près inutiles, et sont maintenant oubliés. Bien qu'à certains égards, on puisse trouver peut-être les statistiques nouvelles inférieures aux anciennes, le même sort

* Un volume in-8.°, Agen, 1806, par feu M. Charles-Marie Lafont du Cujula, l'un des hommes les plus recommandables qu'ait produit dans ces derniers temps le département de Lot-et-Garonne. Officier municipal d'Agen, puis successivement maire de cette ville, administrateur du département, député au Corps Législatif, secrétaire général de la Préfecture, et possédant éminemment l'art d'écrire, il se distingua toujours dans la carrière administrative et dans celle des lettres, par son rare mérite et par ses talens.

ne paraît pas leur être réservé. Dégagées d'une infinité de détails minutieux, qui tombaient dans le ridicule, elles seront désormais réduites aux seuls exposés nécessaires. Le simple changement de quelques mots et de quelques chiffres, tous les quatre ou cinq ans par exemple, suffirait même pour les transformer en espèce d'éphémérides ; perpétuées alors comme les calendriers, elles pourraient devenir sous un petit volume, d'un usage habituel, et fournir constamment à toutes les classes, des renseignemens utiles ou curieux.

J'invite, au reste, le lecteur qui dans ce premier essai trouverait des résultats dont il croirait pouvoir se méfier, de ne se prononcer contradictoirement, qu'après avoir apporté dans ses recherches une scrupuleuse exactitude, qu'après s'être procuré de toutes parts les documens qui doivent servir de base à ses calculs, les avoir comparés et sévèrement appréciés. J'ose espérer qu'en tenant à cet égard la marche que j'ai suivie, nos calculs définitifs seront à-peu-près les mêmes, et que contrôlés mutuellement, ils obtiendront alors, avec une plus grande autorité, la présomption d'une certitude plus assurée.

En terminant ces lignes, je prie ceux de mes concitoyens qui ont concouru

à l'utilité de cet ouvrage par leurs communications officielles ou confidentiel-
les, qui m'ont été d'un si grand secours,
d'accueillir ici l'expression de ma vive
reconnaissance. J'aimerai toujours à le
publier : il était impossible de me témoigner dans cette occasion, plus d'o-
bligeance, et de montrer à la fois plus
de zèle pour tout ce qui se rattache à
l'intérêt public.

COUP D'OEIL

SUR

LE DÉPARTEMENT

De Lot-et-Garonne,

OU

RAPIDE APERÇU

DE L'ÉTAT DE SON AGRICULTURE, DE SA POPULATION
ET DE SON INDUSTRIE

En 1828.

* * *

CE département est composé de la
presque totalité de l'ancien Agenais,
d'une partie du diocèse de Condom, et
de quelques portions de ceux de Bazas,
de Lectoure et de Cahors. Il est borné

1

au Nord par le département de la Dordogne, à l'Est par celui du Lot et de Tarn et Garonne, au Sud par celui du Gers, à l'Ouest par ceux des Landes et de la Gironde. Il est divisé en quatre arrondissemens communaux, et subdivisé en 35 cantons, renfermant 340 communes.

Ce département situé sous le plus beau ciel de la France, produit tout ce qui est nécessaire à la vie. Pour prendre une idée juste de la nature de son sol, il faut bien se garder néanmoins de le juger d'après les larges vallées que la Garonne et le Lot présentent aux voyageurs. C'est pour n'avoir pas porté sa vue au delà de ces plaines qu'un auteur moderne, célèbre dans les fastes de l'agriculture, a dit de notre territoire en général qu'il est délicieux, *et coupé en cent et cent manières par des coteaux fertiles et rians* *. Sans doute la

* ROZIER, cours complet d'agriculture.

surface du département est variée par de nombreux coteaux; mais il s'en faut de beaucoup qu'ils soient tous rians et fertiles. Leur sommet, presque partout dénué de bois, n'offre le plus souvent que des terres médiocres, délavées par les pluies, la plupart stériles, et quelquefois incultes.

Vers la partie orientale à peu de distance des bords de la Garonne et du Lot, ces coteaux deviennent arides, et ne sont formés que de rocailles calcaires, où l'on voit échouer toutes les ressources de l'agriculture. Dans la partie ci-devant connue sous le nom de *Haut-Agenais*, le pays change surtout et d'aspect et de nature. La terre n'est plus presque partout dans cette contrée, qu'une argile rebelle fortement colorée par le fer. Enfin, la portion des Landes, assez étendue pour former le huitième du département, ne se compose en général que d'un sable mobile, où végète à force d'engrais, un peu de seigle et de panis, où la vue s'égare sur d'ingrats pâturages, et ne se repose que sur la triste et sombre verdure des lièges ou des pins. Tel est, en effet, le sol du département de Lot-et-Garonne, trop avantageusement jugé d'après la partie de son territoire que traversent ses rivières navigables et ses grandes routes. Il s'en faut peut-être d'un tiers, qu'il ne mérite la réputation de fertilité, que lui accordent si gratuitement des relations peu fidèles ou des écrivains prévenus.

	Lot-et-Garonne.	Départ. moyen.
Superficie totale....	497,635 hectares.	622,482 hectares.
Population totale..	336,886 habitans.	354,083 habitans.
Superficie pour 1,000 habit.	1,507 hectares.	1,758 hectares.
Population par myriamètre.	6,931 habitans.	5,688 habitans.

Le département de Lot-et-Garonne, à égalité de superficie, est plus peuplé

que le département moyen. Sa population
présente un accroissement progressif; en
1812 elle ne s'élevait qu'à 330,121 individus.

Revenu territorial.	Lot-et-Garonne.	Départ. moyen.
Totalité	18,200,000 f. 00 c.	18,906,576 f. 00 c.
Par habitant.........	55 13	53 39
Par hectare..........	36 57	30 38

Le territoire de Lot-et-Garonne rap-
porte un peu plus que celui du département moyen, quoique moins étendu en
superficie.

Contrib. directes.	Lot-et-Garonne.	Départ. moyen.
Foncière en prin- cipal.	2,094,265 f. 00 c.	2,357,354 f. 00 c.
Personnelle et mobiliaire.	292,033	413,731
Portes et fenêtres.	92,349	171,329
TOTAUX......	2,478,647 f. 00 c.	2,942,414 f. 00 c.
Impôt pour 1000 f. de revenu.	136	150
——— par habitant..............	7 f. 51 c.	8 30

1.

En ajoutant le produit des patentes et les centimes additionnels, cette somme de 2,478,647 f. s'élève cette année à celle de 3,548,457 f. 98 c., totalité des contributions directes du département.

Le Lot-et-Garonne étant grévé de plus de contributions qu'il ne devrait l'être, cette surcharge a été souvent l'objet des réclamations du conseil général auprès du gouvernement.

Céréales.	Lot-et-Garonne.	Départ. moyen.
Froment...............	1,190,541 hecto.	598,839 hecto.
Seigle..................	266,025.	352,210.
Maïs et millet.....	140,000.	73,281.
Orge	5,670.	146,239.
Avoine....	24,600.	372,867.
Légumes secs........	111,200.	
TOTAUX....	1,738,036 hecto.	1,543,436 hecto.
Hecto. p. 1,000 habitans.	5,157.	
——Par habitant.	5. 16 lit.	3. 95 lit.

Consommation et Besoins du Département en Céréales.

CÉRÉALES.	HECTARES ENSEMENCÉES.	PRODUIT TOTAL. Hectolitres.	Pour LA NOURRITURE	Pour LA SEMENCE.	TOTAL du BESOIN ANNUEL.	EXCÉDANT.	DÉFICIT.
FROMENT..........	144,308.	1,190,541.	des habitans. 891,326.	216,462.	1,107,788.	82,753.	
SEIGLE............	35,470.	266,025.	des habitans. 330,121.	53,205.	383,326.		117,301.
ORGE..............	630.	5,670.	des animaux. 5,514.	945.	6,459.		789.
MAIS et MILLET.	17,500.	140,000.	des habitans. 66,024. des animaux. 32,000.	3,500.	101,524.	38,476.	
AVOINE..........	1,640.	24,600.	des animaux. 11,128.	2,460.	13,588.	11,012.	
LÉGUMES SECS..		111,200.	des habitans. 33,012. des animaux. 4,000.	11,120.	48,132.	63,068.	
					TOTAUX.....	195,309.	18,090.

La culture des pommes de terre s'était établie pendant la révolution dans les exploitations rurales du département. Diminuée par degrés depuis cette époque, elle est actuellement presque abandonnée, et peut produire tout au plus 40 ou 50,000 hectolitres.

Les excédans en toutes sortes de grains s'exportent généralement à Bordeaux, Toulouse ou Bayonne par la voie du commerce.

On observera que si la récolte de l'année précédente a été très-abondante, l'excédant s'accroit de la moitié au moins du produit des deux récoltes après les travaux de la moisson, qui s'ouvrent à la fin de juin ou au commencement de juillet.

Vignobles.	Lot-et-Garonne.	Départ. moyen.
Vignes.................	39,381 hectares.	18,766 hectares.
Vin....................	649,000 hectolit.	411,149 hectolit.
Hectares plantés en vignes par 1,000 habit.	117.	

Vignobles.	Lot-et-Garonne,	Départ. moyen.
Hectolit. de vin par 1,000 habitans.	1,899 hectolit.	1,189 hect. lit.

Presque tous les coteaux du Lot-et-Garonne sont plantés en vignes. Il peut exporter annuellement plus de 300,000 hectolitres de vin *, qui passent dans les Landes, ou s'expédient à Bordeaux.

Il y a quelques crus distingués dans le département, tels que ceux de Thésac et de Péricard dans le quatrième arrondissement, et dans le deuxième ceux de Buzet et de Clairac. Ceux de l'Arrocal et de Mauzac près d'Agen sont estimés. En général les bons vins seraient moins rares dans le Lot-et-Garonne, si on y entendait mieux l'art de les faire et de les entretenir.

* 311,644, selon la statistique du département rédigée en 1806, par ordre du ministre de l'intérieur.

Bois et forêts.	Lot-et-Garonne.	Départ. moyen.
Des Landes, 3,119	6,048 hectares.	75,831 hectares.
Autres bois, 2,929		
Bois p. 1,000 hab.	18.	214.

Il n'y a pas de forêts proprement dites dans le département, bien qu'on donne ce nom à quelques bois d'une certaine étendue, qui sans doute, beaucoup plus considérables jadis, méritaient mieux ce titre. Ces bois sont tous en taillis, essences de chênes, et tenus en coupe réglée; les pins maritimes, les liéges de la partie des Landes exceptés, ainsi que la réserve du quart pour le gouvernement dans la forêt du Mas, qui doit s'exploiter à 35 ans, et qui ne s'élève qu'à 251 hectares 75 ares.

Chevaux.	Lot-et-Garonne.	Départ. moyen.
Totalité	7,118.	28,170.
Pour 1,000 habit.	21.	79.
Par myriamètre...	117.	452.

Le Lot-et-Garonne est peut-être le

plus pauvre département de la France en chevaux. On y cultive la terre avec des bœufs, à quelques exceptions près, trop rares pour être comptées.

Races Bovines.	Lot-et-Garonne.	Départ. moyens,
Bœufs.....................	24,000.	20,258.
Taureaux..............	4,000.	2,549.
Vaches...................	29,000.	46,547.
Génisses............ ...	9,000.	10,198.
TOTAUX....	66,000.	79,546.

Nombre de bêtes bovines pour 1,000 habit. 224.

L'espèce de bœufs employée aux travaux des terres est belle et forte. Ces animaux sont en général bien soignés et bien entretenus par les habitans des campagnes. Si le nombre de vaches l'emporte sur celui des bœufs, ce n'est pas qu'on utilise leur lait en faisant du beurre ou du fromage pour alimenter le commerce; ce genre d'industrie est inconnu dans le département. Les cultivateurs ont

augmenté depuis quelque temps le nombre de vaches dans leurs exploitations,
parce qu'elles font à peu près le même travail que les bœufs, surtout dans les terres
légères ; qu'elles coûtent moins, mangent
moins, et produisent annuellement des
élèves. Ce calcul nous paraît celui d'une
fausse économie. Ne vaudrait-il pas mieux,
au moins dans les plaines de la Garonne
et du Lot, faire exclusivement labourer
les champs par des bœufs, et n'avoir dans
les étables que des vaches mères qui ne
travailleraient point ?

Le Lot-et-Garonne envoie des bœufs
dans les départemens voisins, surtout dans
celui de la Haute-Vienne, d'où ils passent
souvent dans les marchés de la capitale,
lorsqu'ils sont suffisamment engraissés.

Le département n'est pas riche en troupeaux, et manque surtout de belles races :
il a de grandes améliorations à faire sous
ce rapport important.

Toisons annuelles	Lot-et-Garonne.	Départ. moyen.
Mérinos		8,448 kilogram.
trop peu nombreux pour compter leurs toisons.		
Métis		35,351.
Indigènes lavées.	195,200 kilog.	46,369.
—— En suint.	4,000.	312,280.
TOTAUX......	199,200 kilog.	402,448 kilog.
Nomb. de kilog. pour 1,000 habitans.	19 kilog. ¹|₄	1,155.
Poids moyen des toisons.	647,400 kilog.	

Les laines du département, comme on
le voit, très-mal pourvu à cet égard, s'emploient presque en totalité à la fabrication des étoffes grossières, à l'usage des
habitans des campagnes. Celle des rares
troupeaux de mérinos ou de métis, est
tellement à charge à leurs propriétaires,
que ne pouvant s'en défaire dans le pays
qu'au prix de la laine commune, ils sont

pour la plupart obligés de l'envoyer à
Castres et à Carcassonne, où les manufac-
turiers de draps les payent à raison de
100 fr. le quintal. Le discrédit de cette
sorte de laine est même tel cette année,
que les agens à Agen de ces manufactu-
riers n'en offrent que 70 fr. du quintal.
Il est bien à désirer que l'économie pastorale s'améliore dans le département,
que l'éducation des troupeaux s'y perfec-
tionne, et qu'on y introduise surtout les
belles races de Leicester à laine longue.

Patentes.	Lot-et-Garonne.	Départ. moyen.
1814...................	83,079 fr.	206,963 fr.
1826	140,759 fr. 27 c.	289,630, en 1825.
Accrois. p. 1000 f.	171.	399 fr.

Voies commerciales.	Lot-et-Garonne.	Départ. moyen.
Routes.................	695,959 mètres.	372,989 mètres.
Rivières navigab.	284,000.	108,162.
Rapport des rou- tes aux voies na- vigables.	1,000 : 408.	1,000 : 290.

2

Voies commerciales.	Lot-et-Garonne.	Départ. moyen.
Routes par myr.	11,513 mètres.	5,992 mètres.
Rivières par myr.	4,699.	1,737.

Point de canaux ; quatre rivières navigables dans le département :

SAVOIR :

La Garonne dont le cours est de 112,000 mèt.
Le Lot de 72,000.
La Baïse de 40,000.
Le Drot de 60,000.

} 284,000 mèt.

Le département de Lot-et-Garonne est bien pourvu de routes et contient assez de voies fluviales pour favoriser le développement de son commerce et de son industrie.

	Lot-et-Garonne.	Départ. moyen.
Pop. des villes....	59,217 habitans.	75,669 habit.
— des campag.	277,609.	278,414.
Rapport..............	213 : 1000.	272 : 1000.

La population urbaine, et celle des campagnes du département moyen, l'emportent sur celles du Lot-et-Garonne, moins étendu, mais qui, à égalité de superficie est cependant plus peuplé.

Ce département est essentiellement agricole; mais sa culture en céréales surtout, n'en est pas moins encore sous l'empire des anciennes routines. Le système des baux annuels à moitié fruits au profit des métayers qui ne fournissent que leur travail dans les exploitations rurales, y est généralement suivi. Ce système est si ruineux pour le propriétaire qu'on pourrait le recommander comme le meilleur moyen connu de retirer d'une propriété foncière le moins de revenu possible. D'autres causes auxquelles on ne peut remédier, s'opposent encore malheureusement dans le Lot-et-Garonne aux progrès de l'agriculture, qu'ils doivent au moins retarder. Les longues alternatives de pluie et de sécheresse particulières au climat de ce département, ruinent souvent les récoltes en tout genre, la grêle les ravage annuellement dans une grande partie du territoire. Enfin, une sorte de météore, vulgairement connu sous le nom de brouillard, porte habituellement, chaque printemps, et jusqu'au commencement de l'été, la désolation dans les campagnes. Les funestes effets de ce fléau sont presque incroyables. Il suffit quelquefois qu'une matinée sombre et vaporeuse soit immédiatement suivie d'un coup de soleil vif et brillant ; la fleur se dessèche à l'instant dans le bouton ; le fruit déjà formé s'anéantit ; le grain disparait dans la balle calicinale, et l'espoir des vendanges s'évanouit. Telle est la maligne influence de ce météore qu'elle s'étend sur les jeunes oiseaux de basse-cour qui deviennent par fois ses victimes. Elle s'exerce d'ailleurs principalement dans les lieux plantés d'arbres, où l'air ne circule pas librement : une pluie abondante et subite peut seule la neutraliser. Ainsi les plus belles récoltes échappent trop souvent à la faux du moissonneur, la veille du jour même qu'il s'apprêtait à la cueillir. Découragé par ces différentes calamités qui l'affligent périodiquement presque chaque année, le cultivateur ne porte dans ses travaux ni les soins, ni la constance, ni l'intérêt qui pourraient les faire fructifier, et qui rendraient son aisance moins précaire.

Malgré tous les obstacles qui retardent la marche de l'agriculture du département vers le degré d'amélioration qu'elle doit acquérir, avec la connaissance des bonnes pratiques, il faut avouer cependant qu'elle commence à secouer le joug des anciens préjugés. Beaucoup d'habitans des campagnes devenus plus aisés, cultivent

eux-mêmes leurs champs, dont ils augmentent les productions; de riches possesseurs de terre, fixes désormais dans leurs propriétés rurales, font connaître autour d'eux les bons principes de culture ; des militaires de tous grades, après de longues courses dans les contrées étrangères, et retirés du service, consacrent aujourd'hui leurs loisirs, et les résultats de leurs observations, à l'avancement de l'agriculture locale. On peut mentionner au nombre de ces amis de leur pays, dans le seul premier arrondissement et dans les environs d'Agen, M. *Carrere*, qui a donné le premier de bons exemples en ce genre, en dirigeant lui-même ses cultures, en introduisant l'usage du rouleau pour battre les grains, en perfectionnant cet utile instrument, ainsi que la plupart de ses outils aratoires; M. *Achille de Raigniac*, correspondant du conseil d'agriculture près le ministre de l'intérieur, qui fait cultiver ses terres, selon les principes qu'il a puisés dans les leçons des maîtres de la science ; M. *Mallac*, juge de paix du canton d'Estaffort, qui se distingue dans les mêmes pratiques et par les mêmes succès ; enfin un officier supérieur en réforme, signale actuellement l'activité de son zèle en agriculture par l'entreprise d'une exploitation rurale d'après des principes sagement raisonnés. Ses travaux à peine commencés promettent d'heureux résultats. Il a, de plus, jeté sur la même propriété les fondemens d'une vaste pépinière, où l'on voit déjà plus de 50,000 pieds d'arbres, soit fruitiers, soit d'alignement, soit exotiques.

Il existe aussi dans chacun des trois autres arrondissemens un pareil nombre, au moins, d'agriculteurs éclairés, et connus pour répandre autour d'eux les bonnes méthodes agronomiques. Comme ceux que nous venons de nommer, ils font de leurs exploitations rurales des centres d'instruction où les cultivateurs voisins peuvent puiser des connaissances utiles. Tout nous permet donc d'espérer que notre agriculture acquerra dans peu le degré de perfection dont le sol et le climat la rendent susceptible.

En cessant de nous occuper de l'agriculture du Lot-et-Garonne dans ses rapports avec celle des autres parties de la France, nous allons faire connaître ici quelques objets de consommation étrangers au plus grand nombre des autres départemens, et qui passant dans le commerce, méritent d'être mentionnés. Tels sont les pruneaux, le chanvre, les châtaignes, le liége et le tabac, par lesquels nous passerons naturellement des produits de l'agriculture à ceux de l'industrie.

Les communes de *Clairac*, du *Temple*, de *Castelmoron*, de *Monclar*, de *Sainte-Livrade*, et autres des premier, deuxième et quatrième arrondissemens, cultivent principalement le prunier de *robe-sergent* dont les fruits confits, sous le nom de *pruneaux-d'Agen*, sont l'objet d'un commerce assez étendu. On calcule que leur vente à l'étranger peut valoir au département une somme annuelle de 5 à 600,000 fr.

Quelques communes riveraines des premier et deuxième arrondissemens cultivent le chanvre pour le livrer au commerce. Reconnu d'une qualité supérieure à celui du Nord, ce chanvre est presque tout employé dans la manufacture royale des toiles à voiles d'Agen, ou dans les corderies de Tonneins. On cultive aussi le lin dans le département, mais seulement pour les besoins des ménages, depuis que l'exportation des toiles ouvrées pour l'Espagne et ses colonies a cessé.

La récolte des châtaignes dans certains cantons du ci-devant Haut-Agenais, limitrophes du département de la Dordogne, peut être évaluée, par approximation, à 30 ou 40,000 hectolitres; ce qui doit produire un excédant de 6 à 7000 hectolitres, qui passent à Bordeaux et dans les départemens voisins.

On élève le chêne à liége dans la partie des Landes, et principalement aux environs de *Mezin* et de *Barbaste* dans le troisième arrondissement. Nous verrons plus bas la quantité des produits que ces arbres fournissent au commerce, après avoir été mis en valeur par le travail et l'industrie.

Enfin plusieurs communes des cantons du *Port-Sainte-Marie*, de *Tonneins*, d'*Aiguillon*, etc., plantent du tabac; 1800 hectares sont annuellement employés à cette culture, qui produit 1,200,000 kilogrammes de tabac en feuilles, dont le

prix, terme moyen est d'un franc le kilo-
gramme.

Si l'agriculture semble donner aujour-
d'hui quelques signes d'amélioration dans
ce département, le réveil de l'industrie
s'annonce aussi dans quelques parties de
son territoire. On observe maintenant
dans les villes un plus grand nombre
d'ouvriers qui se montrent jaloux de per-
fectionner leurs ouvrages. Quelques-uns
se rendent même de temps en temps à
Paris pour prendre connaissance des nouveaux procédés de leur art, ou cherchent
à se les approprier par la lecture des livres publiés pour les propager, et qui
sont à leur portée. Il est vrai que de lu-
cratives fabrications se sont anéanties
de nos jours ; que celle des serges dites
d'Agen, autrefois si recherchées, n'existe
plus ; que les manufactures d'indiennes ou
de toiles peintes, qui lui avaient succédé
dans cette ville sont presque totalement

tombées; qu'il en est ainsi de la pro-
fession des gantiers et des épingliers
dont s'occupaient utilement, il y a quelques années, un assez grand nombre d'ouvriers, et que les ateliers des tanneries
d'Agen, jadis en grande activité, sont
maintenant à peu près déserts.

Ces pertes, dues en partie aux malheurs
des temps, sont sans doute beaucoup à
regretter, mais ne sont point irrépara-
bles. Les grandes manufactures de toiles
à voiles et de tabac, anciennes dans le
Lot-et-Garonne, ont traversé la révolution. D'autres établissemens de ce genre
se sont aussi maintenus en activité; certains ont même acquis de l'accroissement;
enfin de nouveaux ont été créés à des
époques récentes. L'état actuel de l'industrie départementale est donc loin de pré-
senter un décourageant résultat, puisqu'il
offre plusieurs minoteries, cinquante-
deux tanneries, quarante-une teintureries,

huit forges de fer, cinq fonderies de vieux cuivre ou martinets, une scierie pour bois de placage, deux scieries pour bois de panneaux, une mécanique pour la filature des laines, cent-vingt-sept tuileries ou poteries, quinze papeteries, deux faïenceries, deux verreries et six-cent-quatre-vingt onze moulins à eau ou à vent, outre les deux grandes manufactures dont nous avons parlé, et quelques autres que nous mentionnerons, en voyant, ci-après, ce que chacun des quatre arrondissemens peut offrir sous le rapport de son industrie relative.

Premier Arrondissement.

LE premier arrondissement se compose de 90 communes, dont la surface est de 971 kilomètres carrés.

Agen, chef-lieu du département, ville de 11,971 habitans, avec un beau pont sur la Garonne, est au centre de communication où se croisent les routes de Paris en Espagne, de Bordeaux à Toulouse, et d'où partent celles dirigées sur Cahors, Auch et Bayonne. Cette ville est

le siége d'un évêché, d'une cour royale,
d'un tribunal de commerce ; on y voit un
superbe hôtel de préfecture; elle possède
un collége, une bibliothèque publique
de 12 à 15,000 volumes ; deux imprime-
ries, quatre relieurs, une presse litho-
graphique bien assortie ; une société d'a-
griculture, sciences et arts ; deux sémi-
naires et plusieurs pensionnats des deux
sexes. Elle avait une école d'enseignement mutuel fondée par la société d'agriculture et qui avait servi de modèle à plusieurs autres dans le département. Cette
école, forcée de céder aux circonstances,
a été remplacée par celle des frères chefs
de l'instruction dite chrétienne. Un cours
gratuit de géométrie appliquée aux arts,
avait eu lieu l'année dernière, dans une
des salles de l'hôtel de la Mairie, mais
n'a point encore été repris cette année.

Une compagnie d'actionnaires dirige
maintenant la manufacture de toiles à

voiles fondée jadis par la maison Gounon. Elle renferme actuellement 300 métiers, et environ 600 ouvriers, qui confectionnent annuellement 130,000 mètres de toiles pour la marine royale. La bonne qualité de ces toiles a valu aux propriétaires, des médailles d'argent et de bronze aux deux dernières expositions des produits de l'industrie française.

Il existe pareillement à Agen une fabrique d'os calcinés. Elle se compose de deux fourneaux fumivores, occupe onze ouvriers, et fournit 1450 quintaux métriques de produits qu'elle expédie à Bordeaux, à raison de 10 fr. 50 c. le quintal. Cette fabrique est établie dans le faubourg du passage, sur la rive gauche de la Garonne.

On trouve encore à Agen une fabrique de toiles peintes et de mouchoirs, deux minoteries, deux amidoneries, et un atelier de marbrier d'où sortent de beaux ouvrages. Les tanneries n'ont plus que 36 ouvriers ; mais le commerce que cette ville fait en plumes, en chanvre, surtout en pruneaux et en toiles de ménage, est assez considérable. Elle expédie encore à Bordeaux, ainsi que les autres grandes communes riveraines, quantité de toute sorte de volailles. De nombreux troupeaux d'oies d'une très-belle espèce sont élevés aux environs de ces communes. Ces oies, engraissées avec du maïs, confites à la graisse et mises en pot, entrent dans le commerce intérieur, et sont fort estimées. Les mêmes communes embarquent aussi dans les différentes saisons beaucoup de plantes comestibles, de raisins, de fruits de toute espèce, pour la consommation de Bordeaux.

Un ouvrier donne à Agen, au lin de Flandre, la belle préparation qui le fait rechercher dans le commerce et dans les

3.

ménages. Un autre ouvrier d'Estaffort a inventé une machine fort ingénieuse avec laquelle on sépare facilement les diverses qualités de plumes, selon leur légéreté respective.

****

Deuxième Arrondissement.

✣

LE deuxième arrondissement compte
103 communes, sur une surface de 1,487
kilomètres carrés. Il offre la manufacture
royale de tabac établie à Tonneins. Cette
manufacture occupe 400 ouvriers à 1 fr.
72 c. par jour, et fabrique annuellement
400,000 kilogrammes de tabac, au prix
de 14 fr. la première qualité, et de 7 fr.
20 c. la deuxième qualité. Elle fournit à
la consommation des départemens de la

Dordogne, du Gers, des Hautes-Pyrénées, de la Vienne, et accidentellement de ceux de l'Aveyron, des Basses-Pyrénées et du Cantal.

Les corderies de cet arrondissement, presque toutes à Tonneins, sont au nombre de 32 ; elles offrent 180 ateliers, occupent 800 ouvriers, et fabriquent avec le chanvre indigène 160,000 kilogrammes de cordages, à 45 fr. le quintal métrique, pour le port de Bordeaux.

Tonneins ambitionne et mérite depuis long-temps une corderie royale. Cette ville compte 6,626 habitans. On y trouve une église consistoriale protestante, laquelle a conservé une excellente école d'enseignement mutuel, où l'on enseigne la lecture, l'écriture, l'arithmétique et la géographie, avec beaucoup de succès. Cette école est suivie par plus de cent élèves.

Clairac à une lieue de Tonneins, et

située sur le Lot, offre aussi une église de la religion réformée, et renferme une population de 5,147 individus. Sa fabrique de chapeaux est fort ancienne. La seule matière qu'elle emploie est le feutre ordinaire; mais ses produits ne laissent pas d'avoir un débit lucratif dans les départemens voisins et en Espagne. L'industrie des habitans de Clairac se manifeste encore dans la pelleterie, la ganterie et la tannerie des cuirs. Le commerce des vins qu'ils expédiaient autrefois en Hollande et dans la Baltique était considérable; celui des pruneaux est le seul que cette ville fasse aujourd'hui avec l'étranger, par l'intermédiaire des courtiers de Bordeaux. Ses figues sechées ou confites au soleil, et supérieures à celles de Marseille sont aussi fort recherchées. Son territoire est renommé pour la bonté de ses fruits, qui passent pour les meilleurs de l'Agenais.

Marmande ville de 7,085 habitans, et bâtie sur la Garonne dans une belle plaine, a un bon collége avec un pensionnat. L'arrondissement, dont cette ville est le chef-lieu, offre huit tanneries qui fabriquent 10,000 kilogrammes de cuirs pour Bordeaux. On y remarque aussi plusieurs chapelleries en activité, qui, réunies à celles de Clairac, forment 20 ateliers dans lesquels travaillent 120 ouvriers, qui fabriquent également pour Bordeaux et l'Espagne, 25,000 pièces d'excellente qualité.

Cet arrondissement compte encore deux minoteries qui expédient chaque année 10,000 kilogrammes de farine à Bordeaux. Ses eaux-de-vie, ses vins et ses pruneaux, entrent aussi dans le commerce en assez grande quantité, pour être ici mentionnés. Les grands bateaux à vapeur de Bordeaux, remontent la Garonne jusqu'à Marmande.

Troisième Arrondissement.

✥

LE troisième arrondissement ne contient que 79 communes, sur une surface de 1,430 kilomètres carrés. Il a pour chef-lieu *Nérac* sur la Baïse, qui devient navigable devant cette ville jusqu'à son embouchure dans la Garonne. Nérac est le siège d'une église consistoriale protestante, et compte 5,946 habitans. On y voit depuis quelques années, dans le magasin d'un négociant, une belle statue en bronze de Henri IV, qui doit être élevée sur l'emplacement du château qu'habitait ce prince avec la Cour de Navarre. Ce monument de la munificence de M. le comte de *Dijon*, qui en a fait les frais, et remarquable par l'extrême perfection du travail, est sorti des ateliers d'un artiste célèbre, M. Carboneau ; il est à désirer qu'il occupe bientôt la place qui lui est assignée.

Cet arrondissement renferme 15 minoteries dans lesquelles travaillent 100 ouvriers. Elles produisent par an 400,000 quintaux métriques de farine, au prix de 28 fr. 67 c. le quintal. L'eau ou les chevaux font mouvoir ces minoteries.

Nérac, Mezin, Barbaste, et l'intérieur des Landes, possèdent des fabriques de bouchons de liége, au nombre de 64. Ces fabriques occupent 700 ouvriers. Elles expédient chaque année pour Nantes, Paris et pour l'étranger 130 milliers de quintaux de bouchons, ou de liége façonné, à raison de 11 fr. 3o c. le quintal.

Il sort quelquefois de ces fabriques de petits ouvrages de fantaisie et de goût, dans lesquels le liége est employé avec beaucoup d'intelligence et d'adresse. Un ouvrier de Nérac, le sieur *Bonnet*, en fait des chapeaux très-agréables à porter pendant l'été, et qui ont été remarqués à la dernière exposition des produits de l'industrie française.

On compte dix fabriques d'eau-de-vie dans cet arrondissement. Elles emploient 134 ouvriers, et livrent chaque année au commerce 28,000 hectolitres pour Bordeaux et l'intérieur de la France. Elles expédient aussi pour les pays étrangers. Les chaudières sont à système continu, six d'après Baglioni, et une d'après Adam. La principale de ces distilleries, située au Pont-de-Bordes, sur la Baïse, est dirigée par les MM. *Dumont*, d'Agen.

4

Un martinet à cuivre était établi près de *Casteljaloux*, jolie petite ville de 1,798 habitans, située à l'entrée des Landes et sur la rivière d'Avance. Ce martinet vient d'être avantageusement remplacé par une belle fonderie de fer. Le minerai qui alimente cette usine est pris sur les lieux, ainsi que charbon de bois de pin dont elle fait usage; ses soufflets sont à piston. Elle emploie cent ouvriers, soit pour la fonderie, soit dans les travaux extérieurs.

On avait, il y a quelques années, établi une fabrique de potasse à *Casteljaloux*. Elle est tombée par le défaut d'économie de l'entrepreneur. On y fond actuellement de la bougie avec la cire recueillie dans les Landes.

Il existe encore à *Casteljaloux* une papeterie et une autre à Lisse. Elles occupent vingt-quatre ouvriers, payés à raison de 1 fr. 50 cent. par jour, avec la nourriture. 4,800 rames de papier, du prix de 14 fr. 50 cent. la rame, y sont confectionnées chaque année, et se vendent à Bordeaux. Vingt-cinq pilons, mus par les eaux de l'Avance, réduisent les chiffons en pâte. Depuis environ deux ans on se sert avec avantage pour le même objet dans la papeterie de Casteljaloux d'un cône inventé par le directeur de cette manufacture. L'une et l'autre fabriquent toute sorte de papiers.

Le troisième arrondissement possédait déjà une filature de laine à quelque distance de *Mezin*, vers les limites du département du Gers. Il en compte deux maintenant. Le second établissement de ce genre vient d'être formé par M. le comte de *Dijon*, dans sa terre de *Poudenas*. Cet excellent citoyen, le même qui a fait présent à la ville de Nérac de la statue de Henri IV ci-dessus mentionnée, s'est encore signalé par l'établissement de cette filature, et donne le premier exemple d'industrie exercée par des moyens mécaniques dans un pays qu'il va faire naître à la vie commerciale et manufacturière. Les différens appareils de cet établissement pour préparer la laine, la carder, la filer et mélanger les couleurs, sont construits d'après les systèmes les plus nouveaux. Les eaux de la rivière de Gélise font mouvoir cette filature. Les prix sont fixés à 5o cent. la livre, prête et filée.

On trouve aussi dans le même arrondissement deux fabriques de verre blanc, en gobelets, carafes, verres à quinquets, etc. Elles occupent 45 ouvriers à 1 fr. 5o cent. par jour, et vendent leurs produits à des prix très-modérés. Telle est leur activité, que 6,000 gobelets sont fabriqués par 24 heures. Une de ces verreries a un four flamand qui fait le verre avec composition; l'autre n'emploie que le verre cassé. Leurs produits se débitent dans le midi de la France. Le combustible dont elles font usage est le charbon de bois.

L'industrie des habitans s'exerce encore dans la poterie commune. On compte dans cet arrondissement huit fabriques de ce genre que font valoir trente-deux ouvriers, payés à raison de 1 fr. 10 cent. par jour. 10,000 cruches, autant de douzaines d'assiettes grossièrement vernissées, et d'autres à l'usage des habitans des campagnes, se fabriquent annuellement dans ces poteries, et s'exportent à vil prix dans le département du Gers. Ce genre d'industrie s'exploite au domicile des ouvriers, où les membres de leur famille concourent à la fabrication, chacun selon son âge et ses forces.

Enfin, la partie des Landes de l'arrondissement produit de la résine, de la térébenthine et du brai. Dix fabriques

4.

occupent trente ouvriers, à 1 fr. 50 cent.
par jour. 8,000 quintaux métriques de
résine, 3,000 quintaux de térébenthine,
150 quintaux de brai confectionnés chaque année dans ces ateliers, s'expédient
à Bordeaux, Toulouse, et autres villes
de France. Le prix de la résine est de
11 fr.; celui de la térébenthine de 40 fr.;
celui du brai de 11 fr. le quintal métrique.

Ces fabriques ne sont en activité que
pendant les mois d'août, de septembre
et d'octobre, époque de l'année où se
recueille le galipot.

La partie des Landes exporte encore
des échalas et des planches de pins,
soit à Bordeaux, soit ailleurs, pour une
somme assez considérable. Elle produi-
sait aussi jadis une certaine quantité de
cire et de miel. Cette petite industrie,
long-temps négligée, semble se relever
aujourd'hui, et alimente sans doute la

fabrique de bougie établie à Casteljaloux.

Les tuileries riveraines du premier et du deuxième arrondissement consomment beaucoup de bûches de pin, provenant des arbres abattus, lorsqu'ils sont épuisés par l'extraction de la résine.

Quatrième Arrondissement.

❈

PASSONS au quatrième et dernier arrondissement qui se compose de 88 communes, et dont la superficie est de 1,462 kilomètres carrés. Il a pour chef-lieu *Villeneuve-d'Agen*, ou plutôt d'*Agenais*, ou *sur Lot*, bâtie vers 1260 par Alphonse de Poitiers, frère de Louis IX, auquel Jeanne, fille et héritière de Raymond VII, comte de Toulouse, avait porté en mariage le comté d'Agenais. Cette ville possède un bon collége auquel est annexé un pensionnat. Elle est divisée, par la rivière du Lot, en deux parties, réunies par l'ancien pont dont l'arche principale ayant 36 mètres, ou 108 pieds d'ouverture, est l'une des plus grandes qu'il y ait en France. Villeneuve renferme 9,495 habitans. Un dépôt d'étalons y est établi pour le département et celui de Tarn-et-Garonne. Il y a près de deux ans que M. Lalaurie le fils donna dans cette ville le premier exemple d'une scierie mécanique encore inconnue dans le département. Cette machine mise en mouvement par deux chevaux, débitait des bois de placage avec deux scies ; mais le produit étant loin de couvrir les frais de l'établissement, on a suspendu le travail pour chercher des débouchés qui paraissent difficiles à se procurer. En attendant, le propriétaire a fait monter trois nouvelles scies pour débiter des planches en bois indigènes. Afin de diminuer les frais d'exploitation, il a fait transporter ses mécaniques dans un moulin sur le Lot. Un seul arbre, dans ce local, fait mouvoir les cinq scies qui fonctionnant à moins de frais, produisent plus de bénéfice.

Deux fabriques de faïence commune, l'une brune et l'autre blanche, sont aussi établies à Villeneuve, et travaillent avec beaucoup d'activité. Elles fournissent aux départemens voisins, et offrent quinze ateliers occupant trente ouvriers à 281 fr. par an, avec la nourriture. Chaque cuite est de la valeur de 600 fr. Elles fabriquent annuellement 200,000 pièces. Depuis 1814, chaque moulin à broyer est mu par un cheval.

On fait actuellement à Villeneuve un cours gratuit de géométrie et de mécanique appliquée aux arts, et suivi par un grand nombre d'ouvriers en tout genre.

On y construit aussi une très jolie salle de spectacle dont une société d'amateurs distingués fait les frais.

On ne peut s'empêcher de regretter que la société d'agriculture de cette ville, ait été comprise dans la proscription générale fulminée par l'ancien ministère contre ces sortes de sociétés d'arrondissement. Celle de Villeneuve faisait beaucoup de bien autour d'elle, et tout fait désirer son rétablissement.

A très peu de distance de cette ville, dans le local d'*Excissu... .* ancienne station militaire des Romains, est aujourd'hui construite sur les ruines de l'abbaye d'*Eysses*, une maison de détention pour onze départemens. Cette maison renferme 1100 détenus qui pour la plupart s'occupant de quelque genre de travail ou d'industrie font de leur prison une espèce de manufacture très active, où divers objets fabriqués à bas prix, entrent dans le

département, ou passent dans les départemens voisins.

Cet arrondissement possède trois minoteries, qui forment cinquante ateliers
et occupent chacune trente-cinq ouvriers,
payés à raison de 1 fr. 50 cent. Elles confectionnent par an 85.000 quintaux métriques de farine qui se débite au prix de
31 fr. le quintal, et s'expédie à Bordeaux
pour entrer dans le commerce.

Deux de ces fabriques sont établies à
Villeneuve, et l'autre au Port de Penne.
Elles font usage de cribles et de tamis
mus par l'eau ou par un cheval, depuis
1821.

La principale industrie de ce quatrième
arrondissement s'exerce sur le produit de
ses mines de fer limoneux de transport
qui couvrent une partie de son territoire.
Ce minerai presque toujours en géodes,
se recueille à ciel ouvert, et presque à la
surface du sol. On y compte huit forges,

dont trois sont à martinets, et les autres à hauts fourneaux à la Catalane. Elles occupent 92 ouvriers payés à raison de 1 fr. 85 cent. par jour : les principaux sont plus fortement salariés. Ces forges produisent annuellement 6,400 quintaux métriques d'excellent fer, au prix de 48 fr. 35 cent. le quintal. Il passe dans les départemens limitrophes, ou s'acquiert pour le compte du gouvernement.

Les forges et les hauts fourneaux de ces usines, emploient du charbon de bois ; les martinets consomment de la houille. Le charbon est tiré du département de Lot-et-Garonne, de ceux du Lot et de la Dordogne. Il coûte 3 fr. 50 c., et la houille que fournit le département de l'Aveyron, revient à 3 fr. 25 cent. le quintal métrique. Les produits sont des fers plats, ronds et carrés martinetés ; des fers plats et carrés affinés ; des fontes converties en marchandises diverses et en

5

outils pour l'agriculture. Les martinets employés sont des marteaux à drome, ou à la nivernoise, à bascule. L'eau est l'unique moteur de ces usines dont les produits sont estimés. M. *Gignoux* d'Agen, directeur de quelques-unes de ces forges, a obtenu la médaille de bronze à la dernière exposition des produits de l'industrie française.

Deux martinets à cuivre, l'un près de Villeneuve, l'autre au Port de Penne, occupent dix ouvriers à 1 fr. 80 c. par jour. Ils fabriquent annuellement 280 quintaux métriques, du prix de 350 fr. le quintal. Les produits sont du cuivre en coupe noire pour les chaudronniers.

L'eau est le moteur de ces usines, qui consomment du charbon de bois tiré du département.

Douze papeteries confectionnent encore dans cet arrondissement toutes sortes de papiers : soit à écrire, de diverses qualités, ou pour l'impression; soit de trace ou d'emballage, et même en paille. Le salaire de chaque ouvrier est de 34 fr. par mois. Elles expédient chaque année 32,000 rames à Bordeaux, Toulouse, Auch et pour le commerce intérieur, au prix de 7 fr. la rame. Parmi ces diverses papeteries l'on doit remarquer celle de M. Casimir *Ballande*, à Ratier; les papiers qui sortent de ses ateliers égalent en finesse et surtout en blancheur, les plus belles pâtes des papeteries d'Angoulême.

Enfin, le territoire de Verdega, la commune du Temple et celles des environs produisent en quantité l'orme tortillard. Cet orme, si propre au charronnage, employé pour les affûts dans l'arme de l'artillerie, est, dit-on, connu sous le nom d'*orme de Verdega* jusques dans les pays étrangers.

Achevons de donner une idée générale de l'état actuel du département de Lot-et-Garonne, en présentant quelques résultats qui n'ont point trouvé leur place dans l'aperçu rapide que nous venons d'esquisser.

Nous reviendrons d'abord sur les nombreuses voies commerciales dont jouit ce département. Il compte sur son territoire une route royale de deuxième classe, et trois de troisième classe, parcourant une étendue de 285,374 mètres. Seize routes départementales complètent son état itinéraire, et offrent un développement de 410,585 mètres. Toutes ces routes sont ouvertes, à la réserve de trois ou quatre ; toutes les autres sont plus ou moins confectionnées. On ne saurait donner trop d'éloges au talent et à l'activité de MM. les ingénieurs des ponts et chaussées, ni assez louer la sollicitude du conseil général du département pour seconder leur zèle. On en jugera par la somme de 198,351 fr. qu'il a votée pour l'exercice de 1827, et par celle de 1,441,502 fr. déja consommée sur ces routes pour frais de construction ou d'entretien. Celle de 2,855,000 donnera d'ailleurs l'idée de l'immensité des travaux de ce genre qui restent encore à exécuter. Quant aux chemins vicinaux, l'action administrative étant contrariée et souvent neutralisée par les formalités judiciaires, ces chemins sont presque partout dans l'état le plus déplorable; en sorte que dans certaines localités, les communications sont impraticables, et même nulles pour les voitures, pendant l'hiver.

Nous avons parlé des voies fluviales dues au cours des quatre rivières navigables qui arrosent le département; nous n'y reviendrons que pour faire connaître le beau pont nouvellement bâti sur le Lot, à Aiguillon, et mentionner les travaux.

5.

d'art construits pour assurer la naviga-
tion du Lot, de la Baïse et du Drot,
dans toutes les saisons de l'année. Si ces
rivières ne sont accompagnées d'aucun
canal, ce n'est pas qu'on ait méconnu
les avantages que ce moyen de communication peut offrir au commerce et à
l'industrie; il existe deux projets à cet
égard : le premier, celui de canaliser l'A-
vance depuis Casteljaloux jusqu'à son embouchure dans la Garonne, date seulement de quelques années et favoriserait
le transport de tous les objets de commerce ou de consommation, en même
temps qu'il servirait d'écoulement aux
eaux stagnantes qui vicient l'air dans
cette partie des Landes. Il est impossible
qu'une entreprise aussi utile ne soit ef-
fectuée, lorsque les circonstances le per-
mettront. Le second projet, formé depuis
long-temps par l'ancienne administration
de la province de Guienne, s'il était

exécuté, produirait des avantages incal-
culables. Il réunirait l'Adour, la Baïse et
la Garonne, dans la partie moyenne de
leur cours, vivifierait les pays autrefois
connus sous les dénominations de Con-
domois, de haut et bas Armagnac, d'Al-
bret, d'Astarac, de Gabardan et de
Marsan ; il procurerait le moyen d'exporter une grande quantité de grains,
de vins rouges de cargaison, de vins
blancs, d'eau-de-vie, de liéges, de laines, et de denrées de toute espèce ; il ex-
citerait l'industrie et alimenterait le commerce de plusieurs départemens. Enfin, et
ce serait un avantage inappréciable, il fa-
ciliterait, il assurerait la communication
des ports de Bordeaux et de Bayonne.
Sous ce dernier rapport on ne saurait
réclamer avec trop d'instance l'exécution
d'un pareil projet. Cette importante communication, si hasardeuse, presque im-
praticable en temps de guerre, dangereuse

même en temps de paix sur une côte in-
hospitalière de plus de 40,000 myriamè-
tres d'étendue, s'opérerait par l'intérieur
à l'abri des corsaires ennemis, des tem-
pêtes de l'Océan, et des naufrages trop
communs dans le golfe de Gascogne.
Nous ajouterons que la distance entre
Lavardac-sur-la-Baïse dans le département de Lot-et-Garonne, et Mont-de-
Marsan sur l'Adour, dans le département
des Landes, n'est que de onze myria-
mètres ; que toutes les opérations préli-
minaires ont eu lieu ; que la levée des
plans, les nivellemens, les états des de-
vis estimatifs ont été faits, et que la réus-
site de l'entreprise est aussi démontrée
que son utilité. L'ouverture d'un pareil
canal de première classe a pu sans doute
être ajournée; d'impérieuses circonstances
peuvent en avoir suspendu l'exécution,
mais elle ne saurait être abandonnée.

La *Société d'agriculture, sciences et arts*

d'Agen, fondée en 1776, sous le titre de *Société libre des sciences*, par quelques jeunes gens amis des lettres et des beaux arts, fut supprimée, avec toutes les académies du royaume en 1792, et se reconstitua en l'an VI (1797), sous sa dénomination actuelle. Depuis cette époque elle n'a cessé de s'occuper principalement d'agriculture et d'économie rurale : elle a publié deux volumes de mémoires, la Flore du département, accompagnée d'un cahier de plantes lithographiées, et plusieurs notices sur ses travaux, ou instructions relatives à la culture et à l'industrie locale. Elle a proposé un prix pour le meilleur mémoire sur la culture du tabac, un autre sur la culture du prunier d'ente et la préparation de son fruit, un autre sur le genre d'industrie qu'il conviendrait le plus d'introduire dans le département, un autre sur la culture la plus appropriée au sol des Landes de Lot-et-Garonne, etc., etc. Tous ces prix ont été décernés, ce qui a donné lieu à la publication de quelques bons ouvrages. Enfin, dans la vue d'encourager l'amélioration des races bovines, elle distribue depuis quelques années des prix aux plus beaux taureaux et aux plus belles génisses, présentés au concours établi à cet effet. Les bons résultats de cette mesure sont déjà sensibles dans les campagnes, et le conseil général convaincu du bien qu'elle opère, vote annuellement des sommes à distribuer pour le même objet, soit à Agen, au jugement de la société, soit dans les autres arrondissemens du territoire.

D'autres prix se donnent aussi chaque année aux propriétaires des plus belles jumens et des plus beaux poulains, au concours établi par le préfet. Ainsi tout semble annoncer, comme nous l'avons dit, que le Lot-et-Garonne marche enfin vers le degré de perfectionnement qu'il peut acquérir dans toutes les branches de son agriculture, de son commerce et de son industrie.

Tout rappelle, au surplus, dans ce département l'ancien séjour des Romains. Bien que les Goths, les Vandales, les Normands, les guerres de religion, aient tour-à-tour presque anéanti un grand nombre de monumens antiques, les ruines de quelques-uns existent encore. Les fouilles, dues aux travaux de l'agriculture, exhument quelquefois des tombeaux, des fragmens d'architecture, des inscriptions, des figurines en bronze; et les médailles du haut et du bas empire, en tout métal, y sont communes. Quelques notices sur ces divers objets, faites lors du concours sur les antiquités nationales, ont valu à leur auteur la grande médaille d'or de l'Institut.

Nous voudrions bien pouvoir consigner

ici des résultats satisfaisans sur l'instruction élémentaire. Depuis la chûte de l'école d'enseignement mutuel, fondée par la Société d'agriculture, sciences et arts d'Agen, et qui avait servi de modèle à plusieurs autres, il ne reste en ce genre que l'école protestante de Tonneins, ci-dessus mentionnée. Partout ailleurs les enfans du peuple n'ont d'autre ressource que celle des anciens instituteurs, au nombre de 280. Dans ce nombre à la vérité ne figurent point les deux établissemens des frères des écoles gratuites d'Agen et de Villeneuve, ou 800 enfans au moins, reçoivent une instruction solide et plus soignée; mais qu'est-ce que ces deux ou trois écoles pour une population de 336,886 individus?

En terminant cet aperçu, nous mentionnerons les hommes célèbres que le département de Lot-et-Garonne a produits, et ceux qui s'y sont illustrés. Nous suivrons à cet égard l'ordre chronologique.

Alcimus Latinus Alethius, historien, orateur et poëte, naquit à Agen dans le IV.ᵉ siècle. Il avait composé une vie de Julien l'apostat, qui s'est perdue. Nous n'avons de lui qu'une épigramme en quatre vers latins à la louange d'Homère. Elle est insérée dans *le Corpus poetarum de Mattaire.* Londres, 1714, 2 vol. in-fol., et se trouve aussi dans la France littéraire des Bénédict. de St.-Maur, tom. 1, part. 11, p. 188.

Latinus Pacatus Drapanius, le plus fameux orateur du IV.ᵉ siècle, était natif d'Agen, selon Sidoine Apollinaire, son contemporain et son ami. Voyez ses œuvres, édition de Savaron, pag. 5o5. L'éloquence était alors retirée dans les Gaules et surtout en Aquitaine. Il la professa d'abord à Bordeaux, ensuite à Rome, où il prononça le panégyrique de Théodose

6

en plein sénat, après la défaite du tyran
Maxime. Ce discours a été imprimé plusieurs fois avec les ouvrages des autres
rhéteurs du même siècle et séparément avec
des notes, à Stockolm, par J. Schœffer,
in-8.°, 1651. Drapanius parvint aux premières charges de l'empire d'Occident. Il
fut proconsul en 390 et intendant des
domaines en 393.

Saint Phœbade, évêque d'Agen, au
IV.ᵉ siècle, et à cette époque, l'un des
prélats les plus distingués des Gaules par
sa science et ses vertus. Il a signalé son
zèle contre les Ariens par un traité qui
est parvenu jusqu'à nous, et a été publié
par Théodore de Bèze en 1570, puis successivement réimprimé par Pierre Pithou
en 1586 ou 1589; par Gaspard Berthius,
avec des notes, en 1623; par Deslandes
en 1666; enfin dans le recueil intitulé
Bibliotheca patrum Lugd. 1677, fol. Les
autres ouvrages de Saint Phœbade sont

perdus, à la réserve de deux discours qu'on est fondé à lui attribuer, et qui ont été insérés parmi ceux de saint Grégoire de Nazianze. Selon les critiques les plus éclairés en ces matières, ces ouvrages annoncent un beau talent ; le style en est clair et précis, et ils offrent *de temps en temps des saillies d'esprit qui prouvent que l'auteur avait beaucoup de feu et de facilité.* Saint Phœbade assista à plusieurs conciles, notamment à celui de Valence en 374, et à celui de Saragosse en 380; et comme il est nommé le premier, même avant l'archevêque de Bordeaux, dans les actes de ces conciles, on conjecture qu'il les a présidés. Son nom d'origine grecque peut faire présumer qu'il descendait de quelque famille venue de Marseille, ou de la province Narbonnaise à Agen, où le commerce l'avait attirée et fixée. Quoiqu'il en soit, Saint Phœbade occupa le siége d'Agen pendant plus de quarante ans,

et vivait encore, très âgé, en 392. Une
église, près celle de Saint-Caprais, dans
cette ville, et démolie en 1562, lui était
dédiée. Par une étrange corruption, le
nom de ce saint évêque fut changé en
celui de *Saint Fiari* dans la bouche du
peuple. Il existe encore à Agen, une rue
désignée par cette dénomination.

Lupus, célèbre rhéteur, naquit à Agen
où il professa l'éloquence, ainsi qu'à Pé-
rigueux où il se maria : c'est ce dont on
ne peut douter d'après la onzième épître,
huitième livre, de Sidoine Apollinaire,
avec lequel il était lié d'amitié. Distingué
par ses grands talens oratoires, il fit re-
vivre, dit-on, les Alcimus, les Drapanius,
les Antidius qui, dans le siècle précédent, avaient soutenu la gloire des lettres
en Aquitaine, et jusques dans la capitale
du monde chrétien. Il avait une bibliothèque nombreuse, et se livrait à l'étude
avec beaucoup d'ardeur. Il s'appliquait

aussi aux mathématiques : aucun de ses ouvrages ne nous est parvenu.

Sulpice Sévère est né en 353 à Agen, selon Joseph Scaliger, ou au moins dans l'Agenais, bien que les auteurs de l'histoire générale du Languedoc, tom. I, not. 40, pag. 635, le revendiquent en faveur de Toulouse. Il est vrai qu'il épousa dans cette ville *Bassula* d'une famille consulaire qui lui apporta de grands biens dans la Gaule Narbonnaise, où, après que son père l'eût deshérité, il paraît avoir passé la plus grande partie de sa vie. Telle est la principale cause de l'erreur des savans Bénédictins, qu'il serait trop long de discuter ici. Sulpice Sévère dut à son mérite éminent la grande réputation dont il jouit jusqu'à sa mort, après laquelle sa fervente piété l'a mis au rang des saints dans le calendrier de l'église romaine. On trouve que sa vie de Saint-Martin, avec lequel il était très

6.

intimement lié, ressemble trop à une lé-
gende ; mais son abrégé de l'Histoire Sa-
crée, dont J. Sleidan a donné une espèce
de continuation jusqu'à Charles-Quint,
est devenue classique. Cet ouvrage se re-
commande par l'élégance et la pureté du
style, et a mérité à son auteur le nom de
Salluste Chrétien. Sa mort est rapportée,
mais d'une manière incertaine, à l'année 420.

Bernard Palissy, l'un des plus grands
génies qui aient illustré la France, naquit
à Agen ou dans l'Agenais vers 1524. En
s'occupant d'agriculture, de géologie et
de physique, il semble avoir tout vu,
comme Montaigne, son contemporain,
écrivant sur la morale et la philosophie,
semble avoir tout dit. D'après quelques-
uns de ses ouvrages, cet homme étonnant
doit être regardé comme le fondateur de
l'horticulture en Europe, et peut-être
aussi de l'art dans lequel Vauban se rendit

depuis si célèbre. Il dut à ses grands talens, qu'il ne tenait que de lui-même, d'échapper au massacre de la saint Barthélemi, quoiqu'il professât ouvertement la religion réformée. On ignore l'époque précise de sa mort.

Mathieu Bandel, dominicain, né en Italie, évêque d'Agen, publia dans cette ville en 1545, un recueil de poésies italiennes à la louange de Lucrèce de Gonzague. Il est aussi l'auteur d'un ouvrage connu sous le nom de *Nouvelles Galantes*, où la touchante histoire de Roméo et de Juliette se trouve pour la première fois. On a fait plusieurs éditions des œuvres de Bandel; les meilleures sont celles de Lucques, 1554, 3 vol. in-4.º, et de Londres, 1740, 4 vol. aussi in-4.º. Il mourut en 1561. Tous les livres de sa bibliothèque, qui était considérable, portaient ces mots : *Bandelli et amicorum.*

Jules César Scaliger, né en Italie,

comme le précédent, avec lequel il était lié d'une amitié particulière, mourut à Agen, où il se maria et vécut long-temps, après une naturalisation légale. On sait combien il se rendit célèbre dans la république des lettres où son nom ne périra jamais.

Joseph Scaliger, troisième fils de Jules-César Scaliger, naquit à Agen, et fut recommandable par sa vaste érudition, dont il aurait pu faire souvent un meilleur usage. Son fameux ouvrage intitulé *de emendatione temporum* a, pour ainsi dire, créé la chronologie, et frayé la route à ceux qui s'en sont occupés après lui. Aussi célèbre que son père, et plus savant peut-être, il mourut en 1609, à Leyde, où il professait depuis seize ans les belles-lettres.

Blaise de Montluc, maréchal de France, fameux par son courage, ses talens militaires et sa cruauté. Il a laissé des mémoires sous le nom de Commentaires, qui lui ont fait appliquer ce mot d'un ancien : *multa fecit, plura scripsit*. Mort au château d'Estillac où il était né. Sa maison, à Agen, existe encore, et sert aujourd'hui de prison.

Florimond de Rémond, né à Agen vers l'an 1541, et mort en 1602 à Bordeaux, conseiller au Parlement de Guienne. Il fit des vers, il écrivit en prose et s'acquit, comme homme de lettres, une réputation qui le fait figurer encore dans les biographies modernes. Ses ouvrages offrent tous les défauts du siècle où ils furent écrits, et sont maintenant oubliés. Ils ne manquent cependant pas d'une certaine originalité. Dans son histoire de l'hérésie, il compare le Pape à l'amiral qui commande une escadre ; les cardinaux sont, dit-il, ses principaux officiers, les évêques doivent être regardés comme les capitaines des vaisseaux, dont ils tiennent le gouvernail ; les curés, les chanoines comme les maîtres et les contre-maîtres d'équipage ; les moines de toutes couleurs sont les matelots, et les enfans de chœur sont les mousses. Rémond a fait aussi un traité de l'antechrist. Malgré ces ouvrages, et d'autres du même genre, on paraît avoir douté de la religion à laquelle il était sincèrement attaché. Tantôt protestant et tantôt catholique, il finit peut-être comme le Danube, *par n'être pas même chrétien.* Cependant, s'il faut s'en rapporter à lui, il acheva de se convertir à Lyon, en voyant une fille possédée du démon qui dut sa délivrance aux cérémonies de l'église. On ne pourrait donc sans une grande injustice l'accuser d'incrédulité.

Pierre Dupuy, savant historien, né à Agen en 1582, mort à Paris en 1651. Ses principaux ouvrages sont : un traité des droits et des libertés de l'Église

Gallicane, avec les preuves, 1639, 3 vol. in-folio.--Traité concernant l'histoire du schisme d'Avignon, et quelques procès criminels; Paris, 1654, in-4.°--Traité de la majorité de nos rois et de la régence du royaume, avec les preuves; Paris, 1655, in-4.° -- Histoire des plus illustres favoris, anciens et modernes, Leyde, 1639, in-4.° et in-12. -- Traités divers concernant les droits des rois de France, sur les provinces de Bourgogne, de Bretagne et d'Artois, etc. -- Histoire de l'ordre militaire des Templiers, depuis son établissement jusqu'à sa décadence et sa suppression. Bruxelles, 1751, in-4°.

Théophile de Viaud, né à Clairac en 1590, mort à Paris, âgé de 36 ans, poëte français, bel esprit, esprit fort, a laissé un recueil imprimé de ses ouvrages dans lequel on trouve un traité de l'immortalité de l'ame, à laquelle on dit qu'il ne croyait point.

Jean Claude, né à la Sauvetat du Drot, en 1619, mort en Hollande en 1687, célèbre ministre protestant, regardé comme le Bossuet de l'église réformée.

Geoffroi, comte d'Estrades, maréchal de France, naquit à Agen en 1627 et mourut en 1686. Distingué par ses talens militaires, il le fut encore plus comme homme d'état. Le recueil de ses négociations fut imprimé à la Haie en 1742, 9 vol. in-12, et n'est qu'un extrait des pièces originales en 22 vol. in-folio. Quelques-unes de ces pièces avaient été déjà publiées à Amsterdam, par J. Aymond, 1709, in-12, et sous le titre de Lettres, Mémoires et Négociations de M. le comte d'Estrades, pendant les années 1663 et suivantes, jusques en 1668, inclusivement. Bruxelles, 1709, 5 vol. in-12. -- Lettres et Négociat. de MM. le maréchal d'Estrades, de M. Colbert, du marquis de Choisy et du comte d'Avaux, ambassadeurs plénipotentiaires du roi de France à la paix de Nimègue; la Haie, 1710, 3 vol. in-12. -- Lettres secrètes et négociations du maréchal d'Estrades, de M. Colbert, de M. le comte d'Avaux, plénipotentiaires du roi de France au traité de Nimègue; Londres, 1710, in-12.--Ambassades et négociations de M. le comte d'Estrades en Italie, en Angleterre et en Hollande, depuis l'année 1637, jusqu'à l'année 1662; Amsterdam, 1718, in-8.°

Sylvain Régis, né à la Sauvetat de Blanquefort, en 1632, et mort à Paris, en 1707, fut un zélé propagateur de la doctrine de Descartes. Il se distingua par de rares talens, et fut membre de l'académie royale des sciences de Paris. Il a publié le système de la philosophie Cartésienne; Paris, 1690, 3 vol. in-4.°--Un discours sur la philosophie ancienne et mod. Amsterdam, 3 vol. in-4.°--Réponse aux réflexions critiques de M. Duhamel, sur le système Cartésien de M. Régis. -- L'usage de la raison et de la foi; Paris, 1704, in-4.° -- Réplique à la réponse du père Malebranche, touchant les diverses apparences de la grandeur de la lune; Paris, in-4°. Régis est encore auteur de quelques ouvrages polémiques imprimés dans le journal des savans. Fontenelle a fait son éloge.

Jean-Jacques Cortête, Agenais et poète gascon : on a de lui *Ramounet*, petite comédie remplie d'esprit et de gaité, et *Miramondo*, pastorale charmante. Ces ouvrages dont le style a un peu vieilli, ont été publiés à Agen, en 1701.

Arnaud Daubasse, né à Moissac, marié et fabricant de peignes à Villeneuve-sur-Lot, où il a passé toute sa vie, a laissé des poésies gasconnes qui ont été imprimées dans cette ville en 1796. On y remarque des pensées ingénieuses et des tournures piquantes. Daubasse mourut en 1720.

Jules Mascaron, né à Marseille, évêque d'Agen où il est mort en 1703, après un épiscopat de 25 ans. Sa tolérance et l'aménité de son caractère, autant que ses éloquentes prédications, lui concilièrent dans son diocèse, tous les esprits que son prédécesseur s'était aliénés par l'austérité de son zèle.

Bernard Labénaisie, né à Agen où il fut prieur du chapitre collégial de Saint-Caprais. Bien que les auteurs de la *Gallia Christiana* l'aient qualifié du nom de *vir eruditissimus*, il ne justifia ce titre que par quelques ouvrages de controverse, et par un manuscrit informe sur l'histoire d'Agen, rempli d'erreurs et de méprises Il mourut en 1724.

Antoine Ferrein, médecin célèbre, né à Frespech en 1693, mort à Paris en 1769. Il exerçait son art avec éclat dans la capitale, et a laissé 8 vol. in-12 de leçons sur la médecine et la matière médicale.

François de Vivens a publié sur la physique, l'agriculture, l'économie politique, la tolérance civile et religieuse, des ouvrages qui attestent à la fois l'étendue de ses connaissances et la supériorité de ses talens. Il était membre de plusieurs académies et sociétés savantes, et mourut en 1780, âgé de plus de 80 ans. Son éloge a été lu dans une séance de la société royale d'agriculture de la Seine, en 1819, et a valu une médaille d'or à son auteur.

N. Romas, natif de Nérac, physicien instruit et zélé, dont le nom ne doit point être omis dans les fastes du département de Lot-et-Garonne. Peu de personnes savent encore que Romas fut en Europe l'inventeur du cerf-volant électrique : cette invention ayant été revendiquée depuis la mort de son auteur par *Priest-ley* en faveur de Franklin, il a résulté du rapport de Nollet et de Duhamel à l'académie des sciences de Paris, du certificat de l'académie de Bordeaux, du témoignage de Vivens, qui concourut aux premières expériences faites à ce sujet dans les plaines de Clairac, que Romas et Franklin avaient eu, l'un en Europe, l'autre en Amérique, dans le même temps, la même idée sur le même sujet; et qu'ils n'eurent connaissance de leurs expériences respectives, que lorsque répandues par la renommée, ils n'auraient pu tenter impunément de se les approprier. Ces preuves sont consignées à la suite d'un ouvrage posthume de Romas, sur *les moyens de se garantir de la foudre dans les maisons*, et que sa famille a publié en 1776.

N. Lapoujade, lieutenant-colonel d'infanterie, mort très-âgé dans le château de Montbeau, où il était né en 1704. Bien qu'il ne sut ni écrire ni lire, il se rendit néanmoins célèbre par des couplets improvisés, pleins d'esprit, de grâce et de finesse, que nos meilleurs poëtes n'eussent point désavoués; plusieurs de ces couplets ayant été recueillis ont été imprimés : le premier de ceux qui ont paru, est adressé à la fille de Montesquieu.

J. Raulin, de l'académie des sciences de Bordeaux, de la société royale de Londres, médecin ordinaire du Roi, inspecteur des eaux minérales du royaume, né en 1718 près du Castera, aujourd'hui département du Gers. Il appartint à celui de Lot-et-Garonne où il exerça la médecine jusqu'au moment où Montesquieu et Vivens qui l'aimaient, l'engagèrent à se rendre à Paris. Il y mourut en 1784, et a laissé plusieurs ouvrages estimés.

N. Duvigneau, né à Montcrabeau, et mort victime de la révolution, à l'âge de 40 ans. Poëte et littérateur, il a laissé un recueil de pièces fugitives, et un éloge du maréchal de Biron, suivi de notes historiques très-intéressantes.

Germain-Bernard-Etienne de Laville, comte de Lacépède, né à Agen, mort à Epinai, près de Paris, en 1825. Il est si connu par les grandes places qu'il occupa, les hautes fonctions, les honneurs dont il fut revêtu, et par ses ouvrages, qu'il suffit de le nommer.

Jean-Vincent-Félix Lamouroux, né à Agen en 1779, mort professeur d'histoire naturelle, à Caën, en 1825. Il s'était particulièrement attaché à l'étude des plantes marines, sur lesquelles il a laissé plusieurs ouvrages qui, de bonne heure ont fondé sa réputation. Il a rangé le premier en France ces sortes de plantes dans un ordre systématique, ce qui lui ouvrit la porte de l'Institut, dont il était correspondant.

Pierre Paganel, littérateur distingué, né à Villeneuve-sur-Lot, et mort en 1827, à Bruxelles, dans un âge avancé. Il eut l'honneur d'exciter à tel point la grande colère de Napoléon par un de ses ouvrages, que le despote fit saisir et détruire tous les exemplaires de cet ouvrage, avant sa publication. On doit à Paganel une bonne traduction des *animali parlanti*, de Casti.

Nous pourrions réclamer encore, en faveur du département, *Charles de Secondat, baron de Montesquieu*, dont la famille originaire de Nérac, vint à Agen dans le XVI.ᵉ siècle. Une branche de cette famille qui, cent ans après, s'établit à Bordeaux, et donna naissance à l'auteur de l'Esprit des Lois, s'étant éteinte dans la personne de son petit-fils, mort sans enfans, son arrière petit-fils, né à Agen, est devenu le chef actuel de la famille. Nombreuse dans cette ville, elle y compte encore deux petites-filles, et un arrière petite-fille du grand Montesquieu.

Il serait facile d'ajouter ici plusieurs noms recommandables; mais cette liste nous paraît suffisante pour témoigner que le talent et même le génie, habitèrent dans tous les temps le Lot-et-Garonne. Ceux de ses enfans qui se distinguent aujourd'hui dans la triple carrière des lettres, des sciences et des arts, et dont quelques-uns appartiennent aux premiers corps littéraires de la Capitale, prouveraient d'ailleurs cette vérité, même avec surabondance, s'il nous était permis de les nommer.

FIN.

AVIS DE L'ÉDITEUR.

Après avoir pris connaissance des résultats con-
signés dans cet aperçu statistique, on doit désirer
d'y joindre les notions de topographie et d'histoire locale qui peuvent le compléter. Dans cette

idée, nous prévenons nos lecteurs qu'on s'occupe maintenant d'un travail qui présentera sommairement l'état actuel, sous tous les rapports, de chaque canton du département, ainsi que les événemens remarquables dont il fut le théâtre, et qui sont parvenus jusqu'à nous. Ce second ouvrage, suite naturelle du premier, imprimé dans le même format, et devant faire avec lui un volume d'environ 200 pages, sera rédigé sur le modèle de ceux du même genre si multipliés en Angleterre; il rappellera les détails sur l'agriculture et l'industrie de chaque canton qui seraient omis dans l'aperçu statistique; il mentionnera les vieux édifices, les anciens châteaux, les maisons de campagne modernes distinguées par l'étendue de leurs bâtimens, de leurs jardins, etc.; les restes d'antiquités, les tombelles, les monumens du moyen âge dignes de remarque, et jusqu'aux traditions populaires qui retracent à la mémoire des faits historiques tombés dans l'oubli; enfin tout ce qui peut intéresser l'agriculteur, le commerçant, le naturaliste, l'archéologue, l'architecte et le simple curieux. On a déjà sans doute recueilli un assez grand nombre de notes et de documens pour donner à cet ouvrage quelque dégré d'intérêt et d'utilité ; mais on ne peut se flatter de le rendre aussi complet qu'il serait possible si les personnes instruites du département ne consentent pas à l'enrichir de leurs observations et du fruit de leurs recherches. En conséquence, et dans l'espoir d'éveiller à cet égard une noble émulation, nous n'hésitons pas d'inviter tous nos compatriotes, et surtout MM. les maires des chefs-lieux de canton, à nous adresser d'ici au 15 septembre prochain, tous les renseignemens qui peuvent entrer dans le plan de cet ouvrage. Dédié dans le département à toutes les classes de lecteurs, on doit appeler à sa composition le concours de toutes les lumières.

Les articles qui nous seront communiqués, et qui seront nouveaux pour nous, paraîtront dans l'ouvrage avec le nom de leur auteur, à moins qu'il n'exige l'anonyme. Ceux dont les auteurs ne voudraient pas être nommés, seront particulièrement soumis à l'examen, et à toutes les informations capables de garantir leur authenticité présumée.